essentials

Springer Essentials sind innovative Bücher, die das Wissen von Springer DE in kompaktester Form anhand kleiner, komprimierter Wissensbausteine zur Darstellung bringen. Damit sind sie besonders für die Nutzung auf modernen Tablet-PCs und eBook-Readern geeignet. In der Reihe erscheinen sowohl Originalarbeiten wie auch aktualisierte und hinsichtlich der Textmenge genauestens konzentrierte Bearbeitungen von Texten, die in maßgeblichen, allerdings auch wesentlich umfangreicheren Werken des Springer Verlags an anderer Stelle erscheinen. Die Leser bekommen „self-contained knowledge" in destillierter Form: Die Essenz dessen, worauf es als „State-of-the-Art" in der Praxis und/oder aktueller Fachdiskussion ankommt.

Marie-Kristin Franke

Der Konsument

Homo Emoticus statt Homo Oeconomicus?

Marie-Kristin Franke
Hamburg
Deutschland

ISSN 2197-6708   ISSN 2197-6716 (electronic)
ISBN 978-3-658-05188-4   ISBN 978-3-658-05189-1 (eBook)
DOI 10.1007/978-3-658-05189-1

Die Deutsche Nationalbibliothek verzeichnet diese Publikation in der Deutschen National-
bibliografie; detaillierte bibliografische Daten sind im Internet über http://dnb.d-nb.de
abrufbar.

Springer Gabler

Springer Gabler ist eine Marke von Springer DE. Springer DE ist Teil der Fachverlagsgruppe
Springer Science+Business Media
www.springer-gabler.de

Was Sie in diesem Essential finden können

- Eine Einführung in die wichtigsten emotionstheoretischen Grundlagen aus Sicht des Marketing
- Eine Darstellung, wie Emotionen bei der Bewertung hedonischer Produkte und Services durch den Konsumenten wirken
- Eine Erläuterung, wie sich die emotionsbasierte Bewertung ein und desselben hedonischen Produktes bzw. Services im Zeitverlauf, d. h. in Zusammenhang mit der Kaufentscheidung, dem Konsumerlebnis und in der Erinnerung des Konsumenten verändern kann
- Die Zusammenführung dieser Erkenntnisse im Rahmen eines ganzheitlichen hedonischen Konsumprozessmodells

Vorwort

Emotionen stellen eine wichtige Erklärungs- und Gestaltungsgröße für das Marketing dar. Gerade in zunehmend engeren Märkten und angesichts qualitativ und funktional zunehmend vergleichbarer Produkte können die Emotionen, die ein Produkt oder eine Dienstleistung bei dem Konsumenten auslösen, ein wesentlicher Differenzierungsfaktor im Wettbewerb sein. Kauf- und Konsumerlebnisse, die beim Verbraucher positive Emotionen auslösen, machen ein Produkt aus Sicht der Konsumenten besonders – sowohl besonders wertvoll als auch besonders erlebbar und erinnerbar. Dies gilt insbesondere für solche Produkte, die dem Konsumenten primär Genuss, Freude und Vergnügen bereiten sollen und deren Auswahl und Konsum daher wesentlich durch hedonische Abwägungen geleitet werden, wie beispielsweise die Wahl einer Eiscreme-Sorte oder die Zahlungsbereitschaft für ein Hotelzimmer mit Meerblick.

Emotionen sind daher nicht nur bei der Gestaltung neuer Produkte, sondern auch bei der Gestaltung differenzierender Konsumerlebnisse von mitunter entscheidender Bedeutung. Wie die Konsumforschung zeigt, orientieren sich postmaterialistische Konsumenten bei der Auswahl und Bewertung solch hedonischer Produkter maßgeblich an deren emotionaler Bedeutung. Es gilt vereinfacht: Dinge, die sich gut anfühlen, müssen begehrenswert sein und Nutzen stiften und vice versa. Aber: Was sich noch im Moment des Kaufes am Point of Sale gut angefühlt hat, muss während des späteren Konsumerlebnisses oder in der Retrospektive nicht unbedingt die gleichen positiven Emotionen auslösen.

Erschwerend kommt hinzu, dass Emotionen selbst als auch ihre Wirkungsweise im zeitlichen Verlauf des Konsumprozesses für das Marketing nur schwer mess- oder gar steuerbar sind. So werden emotionale Aspekte nicht nur in der Marketing- und Konsumentenverhaltensforschung, sondern auch in der Marketingpraxis oft vernachlässigt oder nicht ausreichend erfasst.

Der vorliegende Beitrag adressiert diese Lücke und widmet sich der Bedeutung und Wirkungsweise von Emotionen als mögliche Treiber hedonischer Bewertungsprozesse. Agieren Konsumenten bei hedonisch geprägten Entscheidungs- und Konsumsituationen gar mehr als Homo Emoticus denn als Homo Oeconomicus, wie in der klassischen Ökonomie angenommen?

Der vorliegende Beitrag soll einen ersten kurzen Einblick in die Wirkungsweise von Emotionen im Rahmen hedonischer Bewertungsprozesse geben. Die in diesem Artikel zusammengefassten Grundlagen rund um diese Fragestellung entstammen meiner Dissertationsschrift „Hedonischer Konsum – Emotionen als Treiber im Konsumentenverhalten", die in den Jahren 2008 bis 2012 während meiner Zeit als wissenschaftliche Mitarbeiterin und Doktorandin am Arbeitsbereich Marketing und Innovation der Universität Hamburg entstand und sich diesem Themafeld im Detail widmet. Die Arbeit, erschienen 2013 bei Springer Gabler, untersucht Konsumentenverhalten am Beispiel hedonischer Produkte im dynamischen Wechselspiel zwischen Kognitionen und Emotionen, um weitergehenden Aufschluss über Kaufentscheidungen und die anschließende Produktbewertung im Zeitverlauf zu geben. Dabei werden neben einer interdisziplinär angelegten Aufarbeitung der Literatur zu grundlegenden Phasen von Konsumprozessen die aufgestellten Hypothesen im empirischen Feld getestet. Der Forschung wie auch der Marketingpraxis wird ein konzeptioneller Rahmen – das sogenannte hedonische Konsumprozessmodell – bereitgestellt. Zugleich werden konkrete Handlungsempfehlungen für operative Steuerungsansätze durch das Marketing gegeben.

Ich wünsche Ihnen viel Spaß bei der Lektüre!

Hamburg, Januar 2014   Marie-Kristin Franke

Inhaltsverzeichnis

Einleitung

1

Konsumobjekte und Konsum sind fest mit den alltäglichen Handlungen der Menschen verwoben (z. B. Baudrillard 1996, 1998). ‚Erwerben' bzw. ‚kaufen', ‚ansehen', ‚nutzen', ‚essen', ‚erleben' oder ‚spielen' – all diese Aktivitäten können potentiell als Konsum kategorisiert werden (Holt 1995, S. 1).

Ein wesentliches Kriterium für die Selektion einer Konsumaktivität aus der Vielfalt möglicher Alternativen ist der **hedonische Wert des Konsumerlebnisses** (Firat et al. 1995; Schmitt 1999). Holbrook und Hirschman zeigten bereits 1982, dass sich Konsumenten bei der Wahl eines Produktes an der Stimulation, dem Genuss und dem Vergnügen orientieren, den ihnen das Produkt oder die Dienstleitung bereiten können.[1] Die (multi-)sensorischen Eigenschaften des Produktes, sein subjektiv wahrgenommener symbolischer Charakter, der ästhetische Appeal und die resultierende emotionalen Bedeutung sind dabei für die Konsumenten wesentliche Auswahlkriterien – während die Qualität und die funktionalen Eigenschaften eines Artikels in diesem Kontext als gegeben vorausgesetzt werden und bei der (Kauf-)Entscheidung in den Hintergrund treten (Cove und Svanfeldt 1993; Holt 1995). Konsumenten basieren ihre Beurteilung im Kontext hedonischen Konsums demnach nicht nur darauf, wie sie über einen Stimulus denken, sondern auch darauf, wie sie über ihn fühlen (Slovic et al. 2002, S. 397). Hier gilt vereinfacht: Dinge, die sich gut anfühlen, müssen begehrenswert bzw. nutzenstiftend sein und vice versa (z. B. Damasio 1994; Pham 2004, 2007; Schwarz und Clore 1996; Slovic et al. 2002). Ziel des postmateriell geprägten Konsumenten ist es somit stets, hedonisch maximale Konsumerlebnisse zu wählen, also Erlebnisse, die negative

---

[1] Die folgenden Ausführungen beziehen sich zur Vereinfachung und zur bessern Lesbarkeit stets auf Produkte. Auf einen separaten Verweis auf den Dienstleitungssektor wird zu Gunsten der Übersichtlichkeit der Darstellung verzichtet. Prinzipiell sind die erörterten Ideen und Argumente jedoch auch auf Dienstleistungen und in den Kontext des Servicemarketing übertragbar. Die nachfolgenden Ausführungen schließen somit implizit auch den Service-Begriff mit ein.

M.-K. Franke, *Der Konsument,* essentials,
DOI 10.1007/978-3-658-05189-1_1, © Springer Fachmedien Wiesbaden 2014

Emotionen minimieren bzw. positive Emotionen maximieren (Frijda 1988, S. 356). Diese Sichtweise eignet sich insbesondere für Entscheidungen, die im Wesentlichen durch hedonische Abwägungen geleitet werden, wie beispielsweise die Wahl einer Eiscreme-Sorte, die Entscheidung über die Inanspruchnahme einer lokalen Betäubung beim Zahnarzt oder die Zahlungsbereitschaft für ein Hotelzimmer mit Meerblick (Etzioni 1988; Sen 1982; Varey und Kahneman 1992, S. 169).

Die spezifische Bedeutung von Emotionen als potentielle Treiber der hedonisch geprägten Bewertung eines Produktes wurde lange Zeit in der Konsumentenverhaltensforschung zu Gunsten kognitiver Prozesse weitestgehend vernachlässigt (Slovic et al. 2002, S. 397 f.). Nach Zajonc (1980), der als einer der ersten Wissenschaftler die Bedeutung von Emotionen in Zusammenhang mit der Entscheidung und Beurteilung betonte, verweisen jedoch mittlerweile auch mehrere andere Autoren explizit auf die Relevanz von Emotionen im ökonomischen Kontext und im Konsumentenverhalten.[2] Diverse grundsätzliche marketingrelevante Phänomene können demnach konkret auf die Wirkung von Emotionen zurückgeführt werden (Peters et al. 2006).

Ziel dieses Beitrags ist es, speziell die Bedeutung und Wirkweise von Emotionen als Treiber hedonischer Bewertungsprozesse aus Sicht des Marketing zu erläutern und zu diskutieren. Dazu werden im Folgenden zunächst die wesentlichen emotionstheoretischen Grundlagen (Kap. 2) sowie die Bedeutung von Emotionen in Bewertungsprozessen (Kap. 3) erläutert. In Kap. 4 und 5 werden schließlich direkte Implikationen für die emotionsbasierte Operationalisierung mentaler Bewertungsprozesse im Rahmen eines hedonischen Konsumprozessmodells abgeleitet, welche wertvoll scheinen, um menschliches Entscheidungs- und Bewertungsverhalten im Rahmen des hedonischen Konsums besser zu verstehen. Der Beitrag schließt mit einem kurzen, zusammenfassenden Fazit (Kap. 6).

---

[2] Reviews finden sich u. a. bei Bagozzi et al. (1999) und Loewenstein (2000).

Emotionstheoretische Grundlagen 2

Erste emotionstheoretische Überlegungen gehen auf Platon (~ 428 bis 348 v. Chr.) zurück, der die menschliche Psyche in drei grundsätzliche Konstrukte – Kognition, Emotion und Konation – unterteilte (Scherer 1982a, S. 507). Seither beschäftigt sich eine Vielzahl von Disziplinen (u. a. die Psychologie, die Ökonomie und die Konsumverhaltensforschung) mit dem Phänomen der Emotion (Franke 2013, S. 16 f.). Um die Wirkungsweise von Emotionen im Rahmen hedonischer Bewertungsprozesse nachvollziehen zu können, ist es daher Ziel des nachfolgenden Abschnitts, einen ersten Überblick über die Definitionslandschaft und die relevanten theoretischen Grundlagen zu geben.

2.1 Emotionsdefinition

Das Konstrukt der Emotion ist komplex und facettenreich, was sich in unterschiedlichsten und mitunter uneinheitlichen Begriffsverständnissen niederschlägt. So listen z. B. Kleinginna und Kleinginna (1981) über neunzig verschiedene Emotionsdefinitionen auf. Emotionen werden u. a. konzipiert als diskret und/oder dimensionsgerichtet, Zustände und/oder Persönlichkeitsmerkmale, ereignisbezogen und/oder diffus.[1] Allerdings lassen sich auch Gemeinsamkeiten zwischen den unterschiedlichen Definitionen identifizieren. Auf diese Weise können wesentliche Charakteristika von Emotionen abgeleitet und ein erstes Verständnis des Konstruktes der Emotion generiert werden.

So gehen viele Definitionen konform in der Annahme, dass Emotionen mit **physiologischer Aktivierung** bzw. Erregung (Veränderungen im hormonellen Gleichgewicht und im automatischen Nervensystem) einhergehen (Frijda 1986). Vielfach

---

[1] Eine Übersicht dazu findet sich z. B. bei Lazarus (1991), Frijda (1999) oder Franke (2013, S. 16 f.).

M.-K. Franke, *Der Konsument*, essentials,
DOI 10.1007/978-3-658-05189-1_2, © Springer Fachmedien Wiesbaden 2014

wird zudem postuliert, dass eine emotionale Reaktion nur auf persönlich **signifikante Stimuli** erfolgt. Emotionen werden demnach durch einen spezifischen Reiz bzw. von Ereignissen ausgelöst, die im Hinblick auf die individuell verfolgten Ziele, Motive oder Bedürfnisse subjektiv relevant erscheinen (Frijda 1986; 1988; Lazarus 1991). Der auslösende Stimulus kann dabei extrinsischer (z. B. Produkt, Person, Situation) oder aber intrinsischer Art sein (z. B. Vorstellungen, Gedanken, Erinnerung) (z. B. Bagozzi et al. 1999; Cabanac 2002). Emotionen können jedoch nicht nur durch den aktuell bestehenden Status-Quo ausgelöst werden, sondern auch durch die tatsächliche oder erwartete Veränderung dieses Zustandes (Frijda 1988, S. 353). Emotionen haben damit stets expliziten **Objekt- und Situationsbezug**.

Darüber hinaus kennzeichnet Emotionen nach der Mehrzahl der Definitionen eine charakteristische **Valenz** (positiv/negativ). So können Emotionen auf einer „Genuss-Schmerz-Skala" verortet werden, wobei der Nullpunkt der Skala mit emotionaler Indifferenz gleichzusetzen ist (Frijda 1986). Die Valenz der subjektiv empfundenen Emotion ist Grundlage für dessen Beurteilung durch den Konsumenten (Frijda 1988, S. 349 f.).

Auch umfassen Emotionen nach mehrheitlicher Meinung eine konkrete **Handlungsmotivation**. Ähnlich wie ein Drang oder Impuls erhöhen Emotionen die Bereitschaft, bestimmte Handlungen auszuführen (Frijda 1986, S. 70 ff.). Emotionen wirken damit unmittelbar auf das Verhalten und lösen Aktionsbereitschaft aus (Frijda 1988, S. 351). Schließlich geht aus vielen Definitionen hervor, dass sich die empfundene Emotion auch im **Ausdruck** einer Person wiederspiegelt (z. B. in Körperhaltung, Stimme oder Mimik) (Frijda 1986). Ferner wird teilweise darauf verwiesen, dass Emotionen **subjektiv erlebt** werden und nur zeitlich begrenzt auftreten.[2]

Auf Basis dieser wesentlichen Eigenschaften von Emotionen gilt es nun, eine geeignete Emotionsdefinition für die vorliegende Arbeit zu wählen. Die Definition sollte stets in Abhängigkeit vom Untersuchungsgegenstand geschehen (Kleinginna und Kleinginna 1981, S. 348). Für die weitere Diskussion der Bedeutung von Emotionen im Rahmen hedonischer Bewertungsprozesse wird hier entsprechend die Definition von Scherer (1982b, S. 555) zu Grunde gelegt: *"Emotion is…a psychological construct consisting of several aspects or components. These are specifically: cognitive appraisal or evaluation of stimuli and situations; physiological activation or arousal, motor expression; motivational tendencies, consisting of behavioral intention or behavioral readiness; and finally, subjective feeling state."* Der Psychologe Klaus Scherer (1982b) betont in seiner Begriffsbestimmung explizit die Bedeutung von

---

[2] Nur ein Teil der Definitionen betont hingegen die Notwendigkeit kognitiver Antezedenzen bzw. einer kognitiven Interpretation des somatischen Zustandes zur Verortung der emotionalen Reaktion. Hier werden Emotion und Kognition als separate, jedoch interagierende mentale Funktionen verstanden. Für Details hierzu siehe z. B. LeDoux (1996).

Emotionen bei der Bewertung eines Stimulus sowie die Subjektivität der Evaluation. Damit zeigt diese Definition bereits, dass Emotionen im Kontext von Bewertungsprozessen von grundsätzlicher Bedeutung sind. Dies gilt nach den Ausführungen von Cabanac (2002) insbesondere im Kontext hedonisch geprägter Situationen.

2.2 Emotionsmodelle

Nach der definitorischen Einordnung wird nun in kurzer Form auf verschiedene Emotionsmodelle eingegangen. Ziel dieses Abschnitts ist es, das Wesen emotionaler Reaktionen und ihre Funktion als mögliche Treiber der eigenen Bewertung mit Hilfe verschiedener emotionstheoretischer Ansätze besser zu verstehen.

Die Einteilung emotionstheoretischer Ansätze kann zum einen auf Teildisziplinen der Psychologie basieren. In der Literatur werden hier beispielsweise psychoanalytische, psycho- und soziobiologische, behavioristisch-lernpsychologische, kognitionstheoretische, attributionstheoretische und entwicklungspsychologische Ansätze zur Einteilung von Emotionen unterschieden (Euler und Mandl 1983, S. 37 ff.). Zum anderen existieren zahlreiche **disziplinübergreifende Emotionsansätze**, die gegenüber psychologischen Ansätzen den Vorteil aufweisen, weniger feingliedrig und damit besser im Rahmen der Konsumentenverhaltensforschung anwendbar zu sein. Sowohl Mayring (1992) als auch Scherer (2000) stellen jeweils ein Ordnungssystem zur Strukturierung dieser Ansätze auf. Ziel ihrer Systematisierungen ist der Versuch, Emotionsmodelle aufgrund ähnlicher zu Grunde liegender Differenzierungskriterien für Emotionen zu klassifizieren. Im Folgenden werden auf Basis der Systematisierung von Mayring (1992) wesentliche Emotionsmodelle in ihren Grundzügen vorgestellt. Unterschieden werden hierbei Basisemotionsmodelle, Klassifikationsmodelle und dimensionale Modelle. Die nachfolgende Tab. 2.1 soll einen Überblick über verschiedene Emotionsmodelle geben.

Basisemotionsmodelle postulieren, dass es fundamentale, kulturübergreifende Emotionen – die sog. Basisemotionen – gibt, die angeboren sind und aus deren Kombination sich weitere spezifische Emotionen ableiten lassen (Izard 1999, S. 23; Ortony und Turner 1990, S. 315).[3] Weite Anerkennung in der Wissenschaft haben in dieser Kategorie die Modelle von Izard (1999) und Plutchik (1982) erhalten (vgl. Tab. 2.1).

---

[3] In ihrer Grundidee ähneln Basisemotionsmodelle damit dem behavioristisch-lerntheoretischen Ansatz der Psychologie. Hiernach existieren nur drei vererbbare Gefühlsreaktionen: Furcht, Wut und Liebe. Aus diesen grundlegenden Emotionen können alle späteren emotionalen Reaktionen entstehen, welche durch Konditionierung erlernt werden (Watson 1968, S. 164 ff.).

Tab. 2.1 Emotionsmodelle. (Quelle: Eigene Darstellung auf Basis der Systematisierung von Mayring 1992)

Typ	Grundidee	Ansätze	Differenzierung von…
Basisemotionsmodelle	Begrenzte Anzahl an Basisemotionen als angeborene, fundamentale Emotionen Ableitung weiterer Emotionen aus Kombinationen der Basisemotionen	Izard (1999)	10 Basisemotionen: Interesse, Freude, Überraschung, Kummer, Zorn, Ekel, Geringschätzung, Furcht, Scham, Schuld
		Plutchik (1982)	8 Basisemotionen: Akzeptanz, Angst, Überraschung, Traurigkeit, Ekel, Ärger, Erwartung, Freude
Klassifikationsmodelle	Hierarchische Kategorisierung von Emotionen	Burke und Edell (1989)	3 Emotionskategorien: euphorische, warme und negative Emotionen mit jeweiligen Unterkategorien
		Richins (1997)	16 Emotionskategorien (*Consumption Emotion Set*): Ärger, Ungnade, Traurigkeit, Angst, Scham, Neid, Einsamkeit, Romantische Liebe, Liebe, Friedlichkeit, Erfüllung, Optimismus, Freude, Aufregung, Überraschung mit jeweiligen Unterkategorien
Dimensionale Modelle	Beschreibung von Emotionen anhand weniger, allen Emotionen zu Grunde liegenden spezifischen Emotionsdimensionen	Wundt (1901)	3 Dimensionen: Lust/Unlust, Erregung/Beruhigung, Spannung/Lösung
		Osgood et al. (1957)	3 Dimensionen: Bewertung, Aktivierung, Stärke
		Mehrabian und Russell (1974)	3 Dimensionen: Vergnügen, Erregung, Dominanz
		Russell (1980)	2 Dimensionen (*Circumplex Modell*): Vergnügen, Erregung

Allerdings ziehen die Emotionstheoretiker jeweils verschiedene Kriterien zur Bestimmung der Basisemotionen heran. Entsprechend unterscheiden sich die Basisemotionsmodelle in der Anzahl der enthaltenen diskreten Emotionen. Auch besteht wenig Konsens, welche Emotionen dazu gezählt und welche vernachlässigt werden können.[4] Mit ihrer stark vereinfachten Darstellung unterscheiden sich Basisemotionsmodelle zudem wesentlich von weiteren emotionstheoretischen Modellen.[5]

Nach der Systematisierung von Mayring (1992) existieren darüber hinaus **Klassifikationsmodelle** für Emotionen. Anhand bestimmter Kriterien werden in diesen spezifische Emotionen inhaltlich zu Gruppen bzw. Clustern zusammengefasst. Im Gegensatz zu den Basisemotionsmodellen, die Emotionen auf gleicher Ebene abbilden, weist die Systematisierung von Emotionen in Klassifikationsmodellen i. d. R. eine hierarchische Struktur auf. Ein anerkannter Ansatz dieser Art ist das von Marsha Richins (1997) entwickelte *Consumption Emotion Set* (vgl. Tab. 2.1). Im Gegensatz zu den Basisemotionsmodellen beziehen sich die Klassifikationsmodelle stets auf sehr spezifische, zumeist konsumbezogene Situationen (z. B. die Empfindung während des Konsums einer Süßigkeit). Insofern ermöglichen Klassifikationsmodelle zwar eine vergleichsweise differenzierte Abbildung der Emotionen, scheinen jedoch auch wenig generalisierbar.

Als dritte Form von Emotionsmodellen nennt Mayring (1992) letztlich **dimensionale Emotionsmodelle**. Bei diesen Modellen wird unterstellt, dass sich alle Emotionen anhand weniger konkreter Emotionsdimensionen beschreiben und messen lassen. Wie die tabellarische Übersicht zeigt, existieren auch hier unterschiedliche Ansätze. Diese haben gemein, dass sie jeweils mindestens auf die Dimensionen Valenz (respektive: Lust, Bewertung, Vergnügen) und Erregung (respektive: Aktivierung) verweisen. Im Rahmen der Konsumentenverhaltensforschung hat neben der Konzeptionalisierung von Mehrabian und Russell (1974) (sog. **Pleasure-Arousal-Dominance-Skala**) insbesondere das zweidimensionale *Circumplex*-Modell von Russell (1980) bzw. Russell und Pratt (1980) Bekanntheit erlangt (Larsen und Fredrickson 1999, S. 41). Wie die Emotionsforschung zeigt, kann ein Großteil der Variation zwischen emotionalen Zuständen bereits mit Hilfe des hier postulierten zweidimensionalen Raums[6] erfasst werden (Kahneman 2000a, S. 682). Vorteile

---

[4] Eine Übersicht alternativer Kategorisierungen von Basisemotionen findet sich z. B. bei Ortony und Turner (1990).

[5] Vgl. z. B. James (1894/1994) oder Schachter und Singer (1962). Emotionen sind hiernach das Resultat der kognitiven Interpretation einer zunächst unspezifischen physiologischen Aktivierung.

[6] Emotionen werden zirkulär in Abhängigkeit der Dimensionen Valenz (gut bis schlecht) und Erregung (gering bis hoch) angeordnet. Ähnliche Emotionen werden dicht beieinan-

des Modells sind die intuitive und einfache Darstellung und Beschreibung ähnlicher und unähnlicher Emotionen. Allerdings werden die emotionsauslösenden Bedingungen vernachlässigt und feine Unterschiede zwischen den Emotionen verschleiert. Auch wird kritisiert, dass einige wichtige Emotionen (z. B. Liebe) in der Darstellung fehlen. Auf Grund ihrer geringen Differenzierungsfähigkeit ist die Akzeptanz und Verbreitung der Dimensionsmodelle insofern in der Psychologie verhalten (Bagozzi et al. 1999, S. 189 f.).[7] Nichtsdestotrotz finden Dimensionsmodelle auf Grund ihrer Praktikabilität in der Konsumentenverhaltensforschung zahlreiche Anwendung.

Die dargestellten Emotionsmodelle bieten unterschiedlichste Sichtweisen auf die Entstehung und Kategorisierung von Emotionen. Für die weitere Analyse von Emotionen als Treiber hedonischer Bewertungsprozesse muss entschieden werden, auf welcher Aggregationsstufe die emotionalen Reaktionen betrachtet werden sollen. So liefert z. B. das *Circumplex*-Modell eine stark vereinfachte Emotionsdarstellung, Basisemotions- und Klassifikationsmodelle hingegen ermöglichen eine differenziertere Betrachtung und Zuordnung der Emotionen. Während einerseits bei einer starken Aggregation die Daten vereinfacht und Multikollinearität zwischen verschiedenen Emotionen vermieden werden kann, können andererseits wichtige Informationen verloren gehen (Machleit und Eroglu 2000, S. 110). Im Kontext der Diskussion um die Wirkung von Emotionen auf hedonische Bewertungsprozesse vermögen die sehr vereinfachten und grobkörnigen Basisemotionsmodelle mit ihren (nicht mehr zeitgemäßen) Annahmen vererbbarer Emotionen keinen Mehrwert zu leisten. Klassifikationsmodelle kennzeichnet eine geringe kontextübergreifende Generalisierbarkeit, was für die vertiefte Untersuchung von emotionalen Treibern im Kontext des hedonischen Konsums hinderlich ist.

Als geeignete **Basis für die hier geführte Diskussion** können somit **dimensionale Emotionsmodelle** herangezogen werden. Diese bieten sich an, da emotionale Reaktionen zum einen mit Hilfe der zwei Dimensionen Valenz und Erregung auf aggregierter Ebene erfassbar sind. Auf diese Weise können grundlegende Informationen über den Ausgang des jeweiligen Bewertungsprozesses (positiv vs. negativ) abgebildet werden. Zum anderen können bei Bedarf – über die zweidimensionale Verortung im Emotionsraum hinaus – spezifische Kernemotionen jeder Phase des hedonischen Konsumprozesses erfasst werden.

---

der abgebildet, gegenteilige Emotionen (z. B. Freude und Traurigkeit) sind 180° voneinander entfernt.

[7] Eine ausführliche Diskussion der Vor- und Nachteile des *Circumplex*-Modells findet sich zudem bei Larsen und Diener (1992).

Emotionen als Basis des hedonischen Bewertungsprozesses 3

Die emotionale Reaktion stellt die erste unmittelbare Reaktion des Konsumenten auf ein Produkt dar und indiziert, ob dieses als gut/schlecht, vergnüglich/nicht vergnüglich etc. wahrgenommen wird (Frijda 1986; 1999; Slovic et al. 2002, S. 401). Auf diese Weise erfährt jeder Stimulus eine distinkte positive oder negative Bewertung (Bargh 1997; Zajonc 1997). Diese Beurteilung erfolgt kontinuierlich, schnell, automatisch und nicht unbedingt bewusst. Dennoch leitet sie alle nachfolgenden (Informationsverarbeitungs- und Evaluations-)Prozesse sowie das Verhalten der Konsumenten (Bargh 1997; Frijda 1986; 1999; Lazarus 1991; Zajonc 1997). Entsprechend ermöglicht dieser Mechanismus den Konsumenten komplexe Situationen bzw. Stimuli ohne Zeitverzug zu evaluieren (Frijda 1999, S. 204; Slovic et al. 2002, S. 398).

Emotionale Reaktionen sind damit als Urphänomene zu deuten, die dazu beitragen, in der jeweiligen Situation – in physiologischer und psychologischer Hinsicht – angemessenes Handeln zu aktivieren sowie kontraproduktives Verhalten zu inhibieren. Verlässt sich der Konsument statt auf eine umständliche kognitive Evaluation auf Emotionen als Grundlage der Beurteilung, erlaubt ihm dies ein schnelleres, leichteres und effizienteres Zurechtfinden in einem unübersichtlichen und unsicheren Marktumfeld (Frijda 1999, S. 204; Scherer 1982b, S. 556 f.; Slovic et al. 2002, S. 398). Emotionen stellen demnach eine bedeutsame Schnittstelle zwischen dem Konsumenten und sich laufend verändernden Umweltsituationen und – ereignissen dar (S-O-R-Prozess) (Scherer 1982b, S. 556).

Alltägliche Handlungen und hedonische Konsumerlebnisse werden jedoch i. d. R. nicht ausschließlich von einer singulären Emotion, sondern von vielfältigen, teilweise gemischten Emotionen begleitet (Edell und Burke 1987; Larsen et al. 2001; McGraw und Lau-Gesk 2008). Dabei können positive (z. B. Freude) und negative (z. B. Angst) Gefühle zeitgleich auftreten (Larsen et al. 2001, S. 684). Diese multiplen Emotionen unterschiedlicher Valenz integrieren die Konsumenten im

M.-K. Franke, *Der Konsument,* essentials,
DOI 10.1007/978-3-658-05189-1_3, © Springer Fachmedien Wiesbaden 2014

Rahmen eines mentalen Prozesses schließlich zu einer ganzheitlichen emotionalen Reaktion, die die Grundlage der Bewertung darstellen kann (Olsen und Pracejus 2004, S. 374).

Folgt man dieser Idee, gilt es, das klassische in der Konsumforschung in Zusammenhang mit Bewertungsprozessen unterstellte rationalistische Nutzenverständnis (von Neumann und Morgenstern 1947) um die Wirkung von Emotionen als Treiber der Bewertung zu erweitern.[1] Gerade im Kontext hedonisch geprägter Entscheidungssituationen und Produktkategorien ist weniger der kognitiv determinierte, rational errechnete Nutzen, sondern vielmehr die emotionale Reaktion des Konsumenten auf das Produkt als zentrale und unmittelbare Erklärungsgröße der Evaluation zu verstehen (Morris 1999, S. 178). Hedonisch maximales Handeln kann aus dieser Sicht demnach in entsprechenden, von hedonischen Aspekten getriebenen Kauf- und Konsumsituationen mit nutzenmaximalem Handeln gleich gesetzt werden (Loewenstein 2000, S. 426). Slovic et al. (2002, S. 420) postulieren sogar: „*Feelings form a neural and psychological substrate of utility*".

Dieser Ansatz deckt sich mit dem Nutzenverständnis des Philosophen Jeremy Bentham (1748–1832). Nutzen errechnet sich nach Bentham aus der **Nettosumme positiver und negativer Emotionen**. Diese gemischten Emotionen bestimmen als „*souvereign masters*" das Handeln der Menschen (Bentham 1789/1968). So resultiert der während eines Erlebnisses empfundene Genuss in positivem Nutzen, Schmerz hingegen in negativem Nutzen (Read 2007, S. 46). Menschen berechnen den gesamten hedonischen Nutzen als Summe der mit einem Erlebnis einhergehenden positiven und negativen Emotionen (*hedonic calculation*) (Konow und Earley 2008, S. 5). Die nach hedonischen Maßstäben „beste Entscheidung" ist folglich diejenige Kauf- bzw. Konsumentscheidung, die die positiven Emotionen bzw. das Glück des Konsumenten maximiert (Hsee und Hastie 2006, S. 31).

Dieses hedonische Nutzenverständnis von Bentham prägte die Ökonomie bis ins frühe 20. Jahrhundert. Hauptkritikpunkt war jedoch, dass der erlebte, emotionsbasierte Nutzen kaum adäquat messbar sei (Kahneman et al. 1997, S. 375).[2] Die auf Grund dieser Schwierigkeit lange Zeit aus den Sozialwissenschaften verbannte

---

[1] Nach dem traditionellen Nutzenverständnis wird der mit einem Produkt assoziierte Nutzen als berechenbarer Fixstern konzeptionalisiert, der sich aus der rationalen Erwartung des Konsumenten an die Eintrittswahrscheinlichkeit eines Ereignisses und den damit verbundenen persönlichen Konsequenzen errechnet (von Neumann und Morgenstern 1947). Die Bewertung erfolgt damit im Moment der Entscheidung auf rein kognitiver Grundlage. Emotionen finden in diesem Kontext per Definition keine Berücksichtigung.

[2] Auch Versuche von Edgeworth (1881), den empfundenen Nutzen im Moment des Erlebnisses mit Hilfe einer technischen Apparatur – eines *Hedonimeters* – zu messen, konnten das Problem nicht lösen (Colander 2007; Edgeworth 1881/1967).

hedonische Sichtweise auf Nutzen erlebt aktuell eine Renaissance. So postulieren der Psychologe Daniel Kahneman und Kollegen, dass das hedonische Nutzenverständnis besonders geeignet sei, um mentale Nutzenbewertungsprozesse wirklichkeitsnah darzustellen (Kahneman et al. 1997). Aufbauend auf der Grundidee von Bentham entwickelten sie das ursprüngliche hedonische Nutzenverständnis weiter zur sog. **hedonischen Psychologie** (*Psychology of Hedonics* – Kahneman et al. 1999).[3]

Auch die hedonische Psychologie postuliert, dass Nutzen in Form des momentan empfundenen Genusses bzw. Schmerzes erlebt wird, den ein Stimulus auslöst. Das emotionale Erlebnis dient als Grundlage für die Nutzenkalkulation. Diese Sichtweise impliziert demnach konsistent mit Bentham, dass positive und negative **Emotionen als adäquates Messinstrument für Nutzen** angesehen werden (Kahneman und Varey 1991).

Allerdings ist nach Kahneman et al. – als Erweiterung der Gedanken von Bentham – der empfundene Nutzen messbar und hinsichtlich seiner Valenz charakterisierbar: Ausgehend von den Annahmen der Prospect Theorie (Kahneman und Tversky 1979) wird ein neutraler Punkt zwischen Genuss und Schmerz als Ausgangspunkt der Bewertung angenommen. Der mit einem Erlebnis assoziierte Nutzen bestimmt sich aus der subjektiv wahrgenommenen Differenz (Gewinn/ Verlust) des Erlebnisses relativ zu diesem vorher festgelegten Referenzpunkt. Auf diese Weise ist es möglich, nicht nur die Valenz des empfundenen Nutzens zu bestimmen, sondern diesen auch exakt zu quantifizieren. Damit ist der momentan erlebte Nutzen (zumindest auf einer Ordinalskala) messbar. Allerdings variiert der subjektiv empfundene Nutzen eines Ereignisses in Abhängigkeit davon, wie dieses Ereignis geframt wird. In diesem Sinne unterliegt der aus dem Erlebnis abgeleitete Nutzen den üblichen Gesetzen der (selektiven und verzerrten) Wahrnehmung (Kahneman und Varey 1991).

Das psychologische Nutzenverständnis unterstellt demnach in der Forschungstradition der Prospect Theorie eine **subjektivistische Nutzenbewertung**, die die intangiblen Komponenten eines Objektes als wesentliche Nutzenträger interpretiert (Kahneman und Varey 1991). Zudem berücksichtigen Kahneman et al. explizit irrationales Verhalten der Konsumenten sowie emotionale Komponenten bei der Bewertung von Produkten. Wenn es darum geht, die Bewertung eines hedonischen Produktes bzw. einer Dienstleistung durch den Konsumenten abzubilden, liefern uns die Überlegungen von Kahneman et al. somit wesentliche Erkenntnisse zur konkreten Wirkungsweise von Emotionen im Rahmen der (Nutzen-)Bewertung.

---

[3] Ein Review und eine kritische Diskussion zur Entwicklung des hedonischen Nutzenverständnisses von Bentham und Kahneman finden sich bei Read (2007).

Zeitliche Dynamik der hedonischen Bewertungsprozesse 4

Hedonische Ereignisse, die die Konsumenten bewerten, erstrecken sich i. d. R über einen längeren Zeitraum (Kahneman et al. 1997, S. 376). Während Genuss und Schmerz im Moment erlebt werden, haben viele Entscheidungen Folgen, die sich über eine gewisse Zeit ausdehnen. Zum Beispiel basieren Entscheidungen, ob ein Urlaub, eine Diät oder eine medizinische Behandlung gewählt werden sollte, auf dem Nutzen, der n Tagen Urlaub, n Tagen Diät oder einer Folge von n Spritzen o. ä. zugewiesen wird (Varey und Kahneman 1992, S. 169). Der Nutzen eines Ereignisses endet demnach nicht im Jetzt oder mit dem Moment der Entscheidung, sondern erstreckt sich über die Zeit (*extended outcomes*) (Kahneman 1994, S. 21).

Um strategisch und effektiv aus hedonischer Sicht nutzenmaximale Konsumerlebnisse selektieren zu können, reicht daher eine momentbasierte emotionsgetriebene Bewertung der Konsumaktivität nicht aus. Vielmehr sind hierzu **ergänzende Bewertungsschritte** notwendig: So versuchen Konsumenten das resultierende Vergnügen bzw. ihre emotionale Reaktion auf ein zukünftiges Konsumerlebnis exante zu schätzen (Wie werde ich mich dabei fühlen?) (Kahneman und Snell 1990, S. 295 f.; Kahneman et al. 1997, S. 377). Ein **zukünftiges Erlebnis a-priori richtig einschätzen zu können,** ist für den Entscheider von höchster Wichtigkeit, denn die Konsequenzen einer Entscheidung werden i. d. R. erst einige Zeit nach der eigentlichen Entscheidung erlebt (Kahneman und Snell 1990, S. 296; Kahneman und Varey 1991, S. 128). Diese Prognose des hedonischen Wertes eines zukünftigen Konsumerlebnisses soll dem Konsumenten daher als Grundlage dienen, um ein möglichst nutzenmaximales Erlebnis wählen zu können (erwarteter bzw. antizipierter Nutzen bzw. *hedonic forecast*) (Kahneman und Thaler 2006, S. 222; Kahneman und Varey 1991, S. 133).

Idealerweise und sofern vorhanden, nutzen Konsumenten in diesem Zusammenhang bestehende Erfahrungswerte. Diese basieren auf der retrospektiven Evaluation des gesamten Erlebnisses und den in diesem Zusammenhang erinnerten positiven und negativen Emotionen (Kahneman 1999, S. 4; Schreiber und Kahn-

M.-K. Franke, *Der Konsument*, essentials,
DOI 10.1007/978-3-658-05189-1_4, © Springer Fachmedien Wiesbaden 2014

eman 2000, S. 27). Die Konsumenten greifen hierbei auf die **retrospektive, gedächtnisbasierte Evaluation des Erlebten** zurück. Demnach existiert neben der ad-hoc, in Echtzeit generierten Nutzenbewertung eines Erlebnisses (erlebter Nutzen) auch ein separater erinnerter Nutzen eines Erlebnisses (Kahneman et al. 1997, S. 375; Loewenstein und Prelec 1992, S. 673).

Um die Bewertung eines hedonischen Konsumgutes realistisch abbilden zu können, ist es insofern wichtig, die Zeitperspektive in die Betrachtung der emotionsbasierten Bewertung zu integrieren. Die zeitliche Dimension der Produkt- bzw. Service-Bewertung wird in bestehenden Ansätzen jedoch vielfach vernachlässigt. So wird im Rahmen des traditionellen Nutzenverständnisses beispielsweise angenommen, dass die Bewertung des Konsumenten referenzunabhängig und im Zeitverlauf stabil ist (Kahneman 2003; Sen 1993; Tversky und Kahneman 1986; 1991; Tversky et al. 1988). Auch das ursprüngliche hedonische Nutzenverständnis von Bentham unterstellt lediglich eine statische momentbasierte Bewertung (Kahneman 2000b, S. 694). Die gezielte **Berücksichtigung der Zeitdimension** bei der Wahl und bei der Bewertung eines Ereignisses leistet erst die hedonische Psychologie (Kahneman et al. 1999).

Nach Kahneman et al. variieren die Wahrnehmung und Bewertung des Erlebten mit dem Zeitpunkt der Betrachtung. So verändert sich die Beurteilung ein und desselben Objektes durch den Konsumenten in nicht-monotoner Art und Weise (Carmon und Wertenbroch 1997, S. 55; Rozin 1999, S. 112).

Die emotionsgetriebene Bewertung ist demnach weniger als statisches Phänomen, sondern vielmehr als dynamischer Prozess zu verstehen. Dieser Prozessgedanke impliziert, dass die Wahl eines hedonisch möglichst optimalen Konsumerlebnisses eine Bewertung des Konsumenten an mehreren Zeitpunkten (vor, während und nach dem Konsum) erfordert. Nach Kahneman erfolgt eine Nutzenbewertung an vier verschiedenen Zeitpunkten: 1) ex-ante in Form einer initialen Erwartungsbildung (Antizipation der Konsumemotionen bzw. antizipierter Nutzen), 2) im Moment der Entscheidung (Selektion des gewünschten Konsumerlebnisses auf Basis des Entscheidungsnutzens), 3) im Moment des eigentlichen Erlebnisses (tatsächliche emotionale Reaktion bzw. erlebter Nutzen) und 4) ex-post in Form einer retrospektiven Bewertung des Erlebnisses (globale Bewertung des vergangenen Konsumerlebnisses und der einhergehenden Emotionen bzw. erinnerter Nutzen) (z. B. Kahneman 1999; Kahneman et al. 1997).[1]

---

[1] In diesem Zusammenhang ist es wichtig zu betonen, dass der Begriff des „Nutzens" in der vorliegenden Arbeit nicht im Sinne des traditionell-ökonomischen Gedankens zu verstehen ist, sondern als weitergefasstes Konstrukt interpretiert wird, das den Wert eines Produktes bzw. einer Dienstleistung aus Sicht des Konsumenten zu einem bestimmten Zeitpunkt wie-

Eine aus hedonischer Sicht optimale Entscheidung maximiert den Nutzen in jeder Phase (Read 2007, S. 50). Allerdings sind die Beurteilung und Bewertung eines hedonischen Produktes durch den Konsumenten anfällig für Fehler und Verzerrungen. Aus traditionell ökonomischer Sicht sollte die Bewertung zu diesen Zeitpunkten identisch und über die Zeit konsistent sein (z. B. Sen 1993). Da Konsumenten jedoch nur begrenzt rationale Individuen sind (Simon 1955), resultieren mitunter signifikant abweichende Bewertungen ein und desselben Produktes bzw. Konsumerlebnisses zu verschiedenen Zeitpunkten durch eine einzelne Person (z. B. Kahneman 1999; Kahneman et al. 1997). So wissen Konsumenten beispielsweise im Vorhinein nicht immer, was sie zukünftig wollen bzw. mögen (werden) (Kahneman und Thaler 2006, S. 221 f.; Simonson 1990, S. 155) oder sie begehen systematische Fehler in der retrospektiven Bewertung von Erlebnissen (Kahneman 1994, S. 21). Daher gilt es, mögliche Verzerrungen der intertemporären Bewertungsprozesse zu berücksichtigen, um ein realistisches Abbild des Konsumentenverhaltens im Verlauf des hedonischen Konsumprozesses zu erhalten (Franke und Teichert 2009).

derspiegelt. Das Verständnis des Nutzenbegriffs lehnt sich insofern im Kontext der hier diskutierten Thematik an den englischen Begriff „*Value*" an.

Der hedonische Konsumprozess 5

Aufbauend auf diesen Grundgedanken von Kahneman et al. wird der in der folgenden Abb. 5.1 dargestellte, dynamisch temporäre Zusammenhang unterschiedlicher mentaler Nutzenbewertungsstadien vorgeschlagen, um insbesondere weit reichende hedonische Kaufentscheidungen und Konsumprozesse ganzheitlich und realitätsnah abbilden und so differenzierter erklären zu können. In der hier vorgeschlagenen zirkulären Konzeptionalisierung werden fünf Phasen unterschieden: 1) die Kaufentscheidung, 2) die Re-Evaluation, 3) das Konsumerlebnis, 4) die Erinnerung und 5) die Erwartung. Ausgehend von der ex-ante bestehenden Erwartung des Konsumenten stellt die Kaufentscheidung konform mit bestehenden Modellen (Court et al. 2009; Rassuli und Harrell 1990) den Ausgangpunkt des hedonischen Konsumprozesses dar. Die Nachkaufphase konstituiert die Re-Evaluation der Entscheidung und das hedonische Konsumerlebnis. Die Erinnerung an das Erlebnis sowie die auf dieser Grundlage adaptierte Erwartung bestimmen die Wiederholwahrscheinlichkeit des hedonisch geprägten Kauf- und Konsumprozesses. Die einzelnen Nutzenstadien folgen im Zeitablauf aufeinander.

Jede dieser Phasen ist durch einen mentalen Bewertungsprozess gekennzeichnet, der sich in distinkten Nutzenarten manifestiert. Die genannten mentalen Nutzenbewertungsphasen sind sowohl hinsichtlich ihrer Konzeption als auch hinsichtlich ihrer Messung klar trennbar (für Details vgl. Franke 2013) und sollen im Folgenden kurz abgegrenzt werden:

(1) Kaufentscheidung/Entscheidungsnutzen Konsumenten treffen im Alltag regelmäßig Entscheidungen darüber, welche Produkte sie kaufen und konsumieren möchten. Um aus dem verfügbaren Alternativen-Set ein konkretes Produkt auswählen zu können, ist es erforderlich, dass die Konsumenten die zur Wahl stehenden Alternativen beurteilen. Entscheidungen gehen insofern stets mit mehr oder weniger komplexen Bewertungsprozessen seitens der Konsumenten einher. Das Ergebnis der Bewertung im *Moment* der Entscheidung kann über den

M.-K. Franke, *Der Konsument*, essentials,   17
DOI 10.1007/978-3-658-05189-1_5, © Springer Fachmedien Wiesbaden 2014

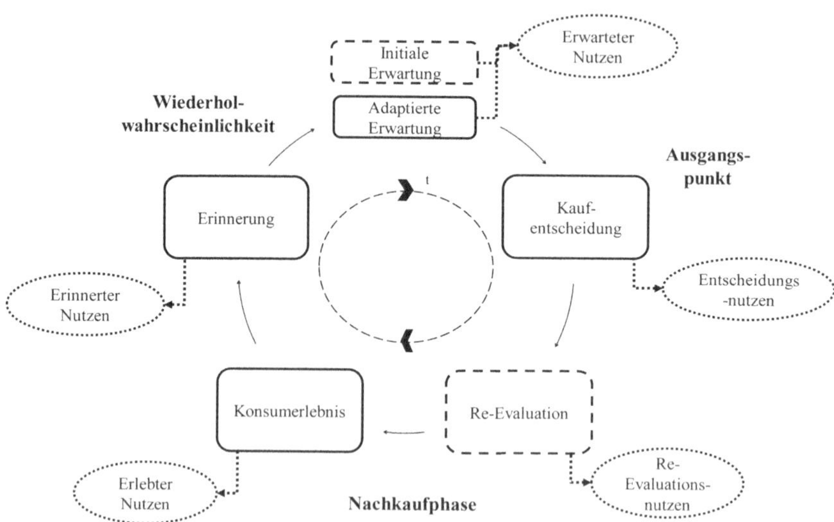

Abb. 5.1 Konzeptioneller Rahmen für ein mögliches hedonisches Konsumprozessmodell. (Quelle: Eigene Darstellung)

Entscheidungsnutzen abgebildet werden (Kahneman 1994; Kahneman und Snell 1990; Kahneman et al. 1997). Dieses Konstrukt subsummiert das Ausmaß des Wollens (*Wanting*) und spiegelt die Präferenz des Konsumenten für die jeweilige Alternative wider (Berridge 1999). Der Entscheidungsnutzen als wesentlicher Indikator für die Bedeutung, die einer Alternative im Rahmen des Bewertungsprozesses in der Entscheidungsphase zugewiesen wird, hilft dem Konsumenten folglich, eine für ihn möglichst vorteilhafte Wahlentscheidung treffen zu können (Kahneman 1994; Kahneman und Snell 1990; Kahneman et al. 1997). Antizipierte oder tatsächlich erlebte Emotionen (z. B. das mit einer Entscheidungsalternative attribuierte Gefühl der Belohnung oder negative Gefühle wie Angst) können ein wesentlicher Treiber der im Moment der Entscheidung stattfindenden Bewertungsprozesse sein und den Entscheidungsausgang maßgeblich beeinflussen. Nähere Ausführungen zur Wirkungsweise von Emotionen im Rahmen der Entscheidungsfindung finden sich bei Franke (2013).

(2) Re-Evaluation/Re-Evaluationsnutzen Konsumenten antizipieren bereits im Moment der Entscheidung möglicherweise resultierende Emotionen. Auf diese Weise versuchen die Konsumenten bereits mit der Kaufentscheidung, ihren hedonischen Nutzen in späteren Phasen des Konsumprozesses zu optimieren. Falsch antizipierte ex-post auftretende Emotionen resultieren entsprechend in suboptimalen Entscheidungen (Gilbert et al. 2004). In der Realität können derartige systematische Fehleinschätzungen regelmäßig beobachtet werden (Mellers und McGraw 2001; Sevdalis und Harvey 2007). Dies gilt auch im Marketingkontext (Syam et al. 2007). Entsprechend relevant ist es, neben der emotionsbasierten Bewertung im Moment der Entscheidung auch explizit die Nachentscheidungsphase und den Re-Evaluationsnutzen abzubilden, den Konsumenten der von ihnen getroffenen (Kauf-)Entscheidung zuweisen.

Grundlage der Re-Evaluation ist ein Prozess des kontrafaktischen Denkens. Dabei wird die gewählte Alternative mit den entgangenen, nicht gewählten Alternativen im Sinne eines „Was hätte sein können…"-Denkvorgangs verglichen (Byrne 2002; Inman et al. 1997; Kahneman und Miller 1986; Kahneman und Tversky 1982; Larsen et al. 2004; Mellers et al. 1997; Taylor 1997). Zu den Kernemotionen, die diese Bewertungsphase kennzeichnen, gehört neben positiven kontrafaktischen Emotionen wie z. B. Trost (Medvec et al. 2002; Roese 1997, S. 144) insbesondere ein Gefühl des Bedauerns (Landman 1987; Markman et al. 1993) (vgl. Franke 2013 für Details).

(3) Erlebnis/erlebter Nutzen Diese Phase des Konsumprozesses beschreibt das aus der vorab getroffenen Entscheidung resultierende Konsumerlebnis, welches aus der Interaktion des Konsumenten mit dem gewählten Produkt bzw. während des Konsumierens und der Nutzung des Produktes entsteht (Hoch 2002; Hoch und Ha 1986). Konsumerlebnisse sind multidimensional und umfassen im Kontext des hedonischen Konsums insbesondere Gefühle, Fantasien und Spaß sowie (multi-) sensorische und symbolische Aspekte des Konsums (Havlena und Holbrook 1986; Hirschman und Holbrook 1982; Holbrook und Hirschman 1982). Entsprechend werden die mentalen Bewertungsprozesse in dieser Phase durch die hedonische Qualität eines Konsumerlebnisses determiniert (Kahneman 1994; Kahneman und Snell 1990; Kahneman und Thaler 2006; Varey und Kahneman 1992). Der erlebte Nutzen als Ergebnis des Bewertungsprozesses spiegelt demnach das *Liking* bzw. den subjektiven, hedonischen Wert des spezifischen Konsumerlebnisses für den Konsumenten wider (Berridge 1999, S. 527). In dieser Phase des Konsumprozesses können vielfältige Konsumemotionen (u. a. Erregung, Langeweile, Überraschung, Vergnügen), insbesondere jedoch Un-/Zufriedenheit eine signifikante Rolle bei der Bewertung des hedonischen Produktes spielen. Die Emotion der Zufriedenheit kann schließlich als aggregierter Indikator für eine abschließende, positive Gesamtbewertung des Konsumerlebnisses interpretiert werden. Detaillierte Informationen zur Wirkung von Emotionen auf die Bewertung während des Konsumerlebnisses finden sich bei Franke (2013).

(4) Erinnerung/erinnerter Nutzen Das hedonische Konsumerlebnis und die einhergehenden Bewertungsprozesse stellen entgegen der Annahme diverser gängiger Modelle des Konsumentenverhaltens (vgl. Franke 2013 für eine Übersicht) nicht das Ende des Konsumprozesses dar. Vielmehr kann das Konsumerlebnis auch noch über den Moment des Konsumierens hinaus eine wesentliche nutzenstiftende Quelle für den Konsumenten sein (Hoch 2002, S. 451). Erinnerungen an vergangene Konsumerlebnisse können von Konsumenten sogar als eine Art Vermögenswert gesehen werden, den es gezielt zu schützen und zu erhalten gilt (*Strategic Memory Protection* – Zauberman et al. 2009). Erinnerungen an Konsumerlebnisse stiften demnach einen eigenständigen Nutzen für den Konsumenten. Somit ist auch die Phase der Erinnerung durch einen distinkten mentalen Bewertungsprozess gekennzeichnet.

Werden Nutzenurteile nach dem erlebten Konsum erhoben, so wird die Gesamtheit der erlebten Eindrücke nachträglich bewertet (Berridge 1999; Kahneman et al. 1997). Der erinnerte oder retrospektive Nutzen (Kahneman 1994, S. 21) ist somit das Ergebnis der retrospektiven, globalen Evaluation einer vergangenen Episode (Kahneman 1999, S. 4; Schreiber und Kahneman 2000, S. 27) und repräsentiert den Wert eines Erlebnisses in der Erinnerung des Konsumenten (Berridge 1999). Während des Konsums erlebte Emotionen unterliegen dabei signifikanten Vergessens- bzw. Verzerrungseffekten, wodurch die nachträgliche Bewertung eines hedonischen Produktes (erneut) verändert werden kann (vgl. Franke 2013 für Details).

(5) Erwartung/erwarteter Nutzen Die letzte noch zu spezifizierende Phase ist die Erwartung. Dieser Evaluationsphase kommt eine besondere Bedeutung zu. Die Erwartung des Konsumenten beschreibt die Vermutung des Konsumenten hinsichtlich des erlebten Nutzens eines zukünftigen Erlebnisses und spiegelt sich im erwarteten (hedonischen) Nutzen wieder (Berridge 1999; Kahneman und Snell 1992; Kahneman et al. 1997). Die Vorhersage des zukünftigen erlebten Nutzens ist ein wesentlicher Bestandteil im hedonischen Portfolio des Konsumenten (Tversky und Griffin 2000, S. 721). So bemühen sich die Konsumenten ex-ante zwei Arten von Erwartungen zu formen: 1) Eine Erwartung hinsichtlich ihrer emotionalen Reaktion in der Erlebnissituation (Phillips und Baumgartner 2002) sowie 2) eine funktional geprägte Erwartung hinsichtlich der Produktperformance (Oliver 2010). Daher sind die Erwartung und der erwartete hedonische Nutzen wesentliche Referenzpunkte für die Bewertung des Produktes in nachfolgenden Phasen des Konsumprozesses, z. B. bei der Beurteilung von Entscheidungsalternativen und dem tatsächlichen Konsumerlebnis (vgl. Franke 2013 für Details). Darüber hinaus kommt der Phase der Erwartung eine Funktion als Linking Pin im hedonischen Konsumprozess zu. Die initiale Erwartung des Konsumenten geht als initialer ex-ante geformter Vergleichsstandard in die Bewertung von Kauf und Konsum ein. Wird diese initiale Erwartung bestätigt, werden Kauf und Konsum zukünftig wiederholt (vgl. Franke 2013 für Details).

Fazit 6

Durch die Berücksichtigung zeitlich differenzierter Bewertungsphasen und der diesen Phasen jeweils zu Grunde liegenden Emotionen kann der hedonische Konsumprozess in Form des hier vorgeschlagenen Prozessmodells vollständig abgebildet werden – eine Tatsache, die traditionelle Modelle des Konsumentenverhaltens noch nicht zu leisten vermögen (vgl. Franke 2013 für Details).[1] Aus den Grundannahmen der hedonischen Psychologie (z. B. Kahneman 1999; Kahneman et al. 1997) und dem hier dargestellten hedonischen Konsumprozessmodell lassen sich diverse unmittelbare Implikationen für die emotionsbasierte Bewertung von hedonischen Produkten und Dienstleistungen ableiten. Grundsätzlich zeigt sich, dass eine auf dem hedonischen Nutzenverständnis basierende, intertemporäre Sichtweise auf die Bewertungsprozesse des Konsumenten dazu beitragen kann, die Entscheidungs- und Bewertungsprozesse für das Marketing besser abzubilden.

Für ein langfristig erfolgreiches Marketing ist es wesentlich, die Veränderung in der Bewertung eines auf hedonischen Kriterien positionierten Produktes über die Zeit zu beachten. So findet eine kontinuierliche, zeitpunktspezifische Bewertung des Produktes über die Beurteilung am Point of Sale hinaus statt, deren Beachtung von Mehrwert für ein erfolgreiches Marketing sein kann. Der Rückgriff auf Emotionen als Treiber der intertemporären Evaluation würde eine relativ einfache und kostengünstige Messung der mentalen Bewertungsprozesse sowie eine entsprechende effiziente Steuerung durch das operative Marketing ermöglichen. In welcher Weise Emotionen genau die einzelnen Evaluationsphasen prägen, wie sich

---

[1] Die diesem Werk zu Grunde liegende Dissertationsschrift von Franke (2013) widmet sich der detaillierten Herleitung und empirischen Validierung des hier vorgeschlagenen hedonischen Konsumprozessmodells sowie der einhergehenden emotionsbasierten Bewertungsprozesse. Hier finden sich weitere detaillierte Informationen zur Wirkung von Emotionen als Treiber der Evaluation im Zeitverlauf.

M.-K. Franke, *Der Konsument*, essentials,
DOI 10.1007/978-3-658-05189-1_6, © Springer Fachmedien Wiesbaden 2014

die emotionalen Treiber verändern und untereinander beeinflussen und welche
Steuerungsmöglichkeiten schlussendlich für das operative Marketing im Verlauf
des hedonischen Konsumprozesses bestehen, wird näher in der weiterführenden
Dissertationsschrift von Franke (2013) erörtert.

Was Sie aus diesem Essential mitnehmen können

- Emotionen sind einflussreiche, im Marketing mitunter unterschätzte Treiber bei der Bewertung hedonischer Produkte und Services durch den Konsumenten
- Menschen beurteilen ein hedonisches Gut anhand der durch dieses Gut ausgelösten positiven und negativen Emotionen
- Im Rahmen emotionsbasierter Bewertungsprozesse gilt es, die Zeitdimension zu berücksichtigen, da sich die Evaluation ein und desselben hedonischen Produktes bzw. Services durch den Konsumenten im Zeitverlauf signifikant verändern kann
- Die nach hedonischen Maßstäben „beste Entscheidung" ist diejenige Kauf- bzw. Konsumentscheidung, die die positiven Emotionen des Konsumenten in allen Phasen des Konsumprozesses (Erwartung, Entscheidung, Re-Evaluation, Konsumerlebnis, Erinnerung) maximiert
- Die Betrachtung des hedonischen Konsumprozesses als Ganzes ermöglicht dem Marketing ein besseres Verständnis sowie eine zielgerichtetere Steuerung der emotionsbasierten Evaluation eines Produktes bzw. Services im Zeitverlauf

M.-K. Franke, *Der Konsument,* essentials,
DOI 10.1007/978-3-658-05189-1, © Springer Fachmedien Wiesbaden 2014

Literatur

Bagozzi, R., Gopinath, M., & Nyer, P. (1999). The role of emotions in marketing. *Journal of Academy of Marketing Science, 27*(2), 184–206.

Bargh, J. (1997). The automaticity of everyday life. In R. Wyer (Hrsg.), *Advances in social cognition* (S. 1–61). Mahwah: Erlbaum.

Baudrillard, J. (1996). *The system of objects.* London: Verso.

Baudrillard, J. (1998). *Consumer society: Myths and structures.* London: Verso.

Bentham, J. (1789/1968). An introduction of the principles of morals and legislation. In A. Page (Hrsg.), *Utility theory: A book of readings.* New York: Wiley.

Berridge, K. (1999). Pleasure, pain, desire, and dread: Hidden core processes of emotion. In D. Kahneman, E. Diener, & N. Schwarz (Hrsg.), *Well-being: The foundations of hedonic psychology* (S. 525–557). New York: Russell Sage Foundation.

Burke, M., & Edell, J. (1989). The impact of feelings on ad-based affect and cognition. *Journal of Marketing Research, 26,* 69–83.

Byrne, R. (2002). Mental models and counterfactual thoughts about what might have been. *Trends in Cognitive Sciences, 6,* 426–431.

Cabanac, M. (2002). What is emotion? *Behavioural Processes, 60,* 69–83.

Carmon, Z., & Wertenbroch, K. (1997). Introduction to a special issue on dynamics of consumer preference. *Marketing Letters, 8*(1), 55–56.

Colander, D. (2007). Edgeworth's hedonimeter and the quest to measure utility. *Journal of Economic Perspectives, 21*(2), 215–225.

Court, D., Elzinga, D., Mulder, S., & Vetvik, O. J. (2009). The consumer decision journey. *McKinsey Quarterly, 2009*(3), 96–107.

Cove, B., & Svanfeldt, C. (1993). Societal innovation and the postmodern aestheticization of everyday life. *International Journal of Research in Marketing, 10,* 297–310.

Damasio, A. (1994). *Descarte's error.* New York: Grosset/Putnam.

Edell, J., & Burke, M. (1987). The power of feelings in understanding advertising effects. *Journal of Consumer Research, 14,* 421–433.

Edgeworth, F. (1881/1967). *Mathematical physics.* New York: Kelley.

Etzioni, A. (1988). *The moral dimension: Toward a new economics.* New York: The Free Press.

Euler, H., & Mandl, H. (1983). *Emotionspsychologie. Ein Handbuch in Schlüsselbegriffen.* München: Urban und Schwarzenberg.

Firat, A. F., Dholaki, N., & Venkatesh, A. (1995). Marketing in a postmodern world. *European Journal of Marketing, 29*(1), 40–56.

M.-K. Franke, *Der Konsument,* essentials,
DOI 10.1007/978-3-658-05189-1, © Springer Fachmedien Wiesbaden 2014

Franke, M.-K. (2013). *Hedonischer Konsum – Emotionen als Treiber im Konsumentenverhalten*. Wiesbaden: Springer Gabler.

Franke, M.-K., & Teichert, T. (2009). A dynamic view on the consumer's utility. 8th International Marketing Trends Conference, January 15–17, 2009, Paris, France.

Frijda, N. (1986). *The emotions*. Cambridge: Cambridge University Press.

Frijda, N. (1988). The laws of emotion. *American Psychologist, 43*(5), 349–358.

Frijda, N. (1999). Emotions and hedonic experience. In D. Kahneman, E. Diener, & N. Schwarz (Hrsg.), *Well-being: The foundations of hedonic psychology* (S. 190–210). New York: Russell Sage Foundation.

Gilbert, D., Morewedge, C., Risen, J., & Wilson, T. (2004). Looking forward to looking backward. The misprediction of regret. *Psychological Science, 15*(5), 346–350.

Havlena, W., & Holbrook, M. (1986). The varietees of consumption experience: Comparing two typologies of emotion in consumer behavior. *Journal of Consumer Research, 13*(3), 394–404.

Hirschman, E. C., & Holbrook, M. B. (1982). Hedonic consumption: emerging concepts, methods and propositions. *Journal of Marketing, 46*(3), 92–101.

Hoch, S. (2002). Product experience is seductive. *Journal of Consumer Research, 29*, 448–454.

Hoch, S., & Ha, Y. (1986). Consumer learning: Advertising and the ambiguity of product experience. *Journal of Consumer Research, 13*(2), 221–233.

Holbrook, M., & Hirschman, E. C. (1982). The experiential aspects of consumption: Consumer fantasies, feelings, and fun. *Journal of Consumer Research, 9*, 132–140.

Holt, D. (1995). How consumers consume: A typology of consumption practices. *Journal of Consumer Research, 22*, 1–16.

Hsee, C., & Hastie, R. (2006). Decision and experience: Why don't we choose what makes us happy? *Trends in Cognitive Sciences, 10*(1), 31–37.

Inman, J., Dyer, J., & Jia, J. (1997). A generalized utility model of disappointment and regret effects on post-choice valuation. *Marketing Science, 6*, 97–111.

Izard, C. (1999). *Die Emotionen des Menschen. Eine Einführung in die Grundlagen der Emotionspsychologie. 4. neu ausgestattete Auflage*. Weinheim: Beltz.

James, W. (1894/1994). The physical basis of emotion. *Psychological Review, 101*(2), 205–210. (Original erschienen 1894).

Kahneman, D. (1994). New challenges to the rationality assumption. *Journal of Institutional and Theoretical Economics, 150*(1), 18–36.

Kahneman, D. (1999). Objective happiness. In D. Kahneman, E. Diener, & N. Schwarz (Hrsg.), *Well-being: The foundations of hedonic psychology* (S. 3–25). New York: Russell Sage Foundation.

Kahneman, D. (2000a). Experienced utility and objective happiness: A moment-based approach. In A. Tversky & D. Kahneman (Hrsg.), *Choices, values and frames* (S. 673–692). Cambridge: Cambridge University Press.

Kahneman, D. (2000b). Evaluation by moments: Past and future. In A. Tversky & D. Kahneman (Hrsg.), *Choices, values and frames* (S. 693–708). Cambridge: Cambridge University Press.

Kahneman, D. (2003). A psychological perspective on economics. *AEA Papers And Proceedings, 93*(2), 162–168.

Kahneman, D., & Miller, D. (1986). Norm theory: Comparing reality to its alternatives. *Psychological Review, 93*, 136–153.

Kahneman, D., & Snell, J. (1990). Predicting utility. In R. Horgath (Hrsg.), *Insights in decision making* (S. 295–310). Chicago: The University of Chicago Press.

Kahneman, D., & Snell, J. (1992). Predicting a changing taste: Do people know what they will like? *Journal of Behavioral Decision Making, 5,* 187–200.

Kahneman, D., & Thaler, R. (2006). Anomalies: Utility maximization and experienced utility. *Journal of Economic Perspectives, 20*(1), 221–234.

Kahnemann, D., & Tversky, A. (1979). Prospect theory: An analysis of decision under risk. *Econometrica, 47*(2), 263–291.

Kahneman, D., & Tversky, A. (1982). The simulation heuristic. In D. Kahneman, P. Slovic, & A. Tversky (Hrsg.), *Judgment under uncertainty: Heuristics and biases* (S. 201–208). New York: Cambridge University Press.

Kahneman, D., & Tversky, A. (1984). Choices, values, and frames. *American Psychologist, 39*(4), 341–350.

Kahneman, D., & Varey, C. (1991). Notes on the psychology of utility. In J. Elster & J. Roemer (Hrsg.), *Interpersonal comparisons of well-being* (S. 127–163). Cambridge: Cambridge University Press.

Kahneman, D., Wakker, P., & Sarin, R. (May 1997). Back to Bentham? Explorations of experienced utility. *The Quarterly Journal of Economics, 112,* 375–405.

Kahneman, D., Diener, E., & Schwarz, N. (1999). *Well-being: The foundations of hedonic psychology.* New York: Russell Sage Foundation.

Kleinginna, P., & Kleinginna, A. (1981). A categorized list of emotion definitions, with suggestions for a consensual definition. *Motivation and Emotion, 5,* 345–379.

Konow, J., & Earley, J. (2008). The hedonistic paradox: Is homo economicus happier? *Journal of Public Economics, 92*(1), 1–33.

Landman, J. (1987). Regret: A theoretical and conceptual analysis. *Journal for the Theory of Social Behaviour, 17,* 135–160.

Larsen, R., & Diener, E. (1992). Problems and promises with the circumplex model of emotion. *Review of Personality and Social Psychology, 13,* 25–59.

Larsen, R., & Fredrickson, B. (1999). Measurement issues in emotion research. In D. Kahneman, E. Diener, & N. Schwarz (Hrsg.), *Well-being: The foundations of hedonic psychology* (S. 40–60). New York: Russell Sage Foundation.

Larsen, J., McGraw, A., & Cacioppo, J. (2001). Can people feel happy and sad at the same time? *Journal of Personality and Social Psychology, 81*(4), 684–696.

Larsen, J., Mc Graw, A., Mellers, B., & Cacioppo, J. (2004). The agony of victory and thrill in defeat. *American Psychological Society, 15*(5), 325–330.

Lazarus, R. (1991). *Emotion and adaptation.* New York: Oxford University Press.

LeDoux, J. (1996). *The emotional brain: The mysterious underpinings of emotional life.* New York: Simon & Schuster.

Loewenstein, G. (2000). Emotions in economic theory and economic behavior. Preferences, behavior, and welfare. *AEA Papers and Proceedings, 90*(2), 426–432.

Loewenstein, G., & Prelec, D. (1992). Anomalies in intertemporal choice: Evidence and an interpretation. *Quarterly Journal of Economics, 107*(2), 573–597.

Machleit, K., & Eroglu, S. (2000). Describing and measuring emotional response to shopping experience. *Journal of Business Research, 49,* 101–111.

Markman, K., Gavanski, I., Sherman, S., & McMullen, M. (1993). The mental simulation of better and worse possible worlds. *Journal of Experimental Social Psychology, 29,* 87–109.

Mayring, P. (1992). Klassifikation und Beschreibung einzelner Emotionen. In D. Ulrich & P. Mayring (Hrsg.), *Psychologie der Emotion* (S. 131–181). Stuttgart: Kohlhammer.

McGraw, P., & Lau-Gesk, L. (2008). Feeling mixed? Emerging perspectives on mixed emotions and consumer responses. *Advances in Consumer Research, 35,* 112.

Medvec, V., Madey, S., & Gilovich, T. (2002). When less is more: Counterfactual thinking and satisfaction among olympic medalists. In T. Gilovich, D. Griffin, & D. Kahneman (Hrsg.), *Heuristics and biases: The psychology of intuitive judgment* (S. 625–635). Cambridge: Cambridge University Press.

Mehrabian, A., & Russell, J. (1974). *An approach to environmental psychology.* Cambridge: M.I.T. Press.

Mellers, B., & McGraw, A. P. (2001). Anticipated emotions as guides to choice. *Current Directions in Psychological Science, 10,* 210–214.

Mellers, B., Schwartz, A., Ho, K., & Ritov, I. (1997). Decision affect theory: Emotional reactions to the outcomes of risky options. *Psychological Science, 8,* 423–429.

Morris, W. (1999). The mood system. In D. Kahneman, E. Diener, & N. Schwarz (Hrsg.), *Well-being: The foundations of hedonic psychology* (S. 169–189). New York: Russell Sage Foundation.

Oliver, R. (2010). *Satisfaction. A behavioral perspective on the consumer* (2. Aufl.). New York: McGraw-Hill.

Olsen, G., & Pracejus, J. (2004). Integration of positive and negative affective stimuli. *Journal of Consumer Psychology, 14*(4), 374–384.

Ortony, A., & Turner, T. (1990). What's basic about basic emotions. *Psychological Review, 97*(3), 315–331.

Osgood, C., Suci, G., & Tannenbaum, P. (1957). *The measurement of meaning.* Urbana: University of Illinois Press.

Peters, E., Västfjäll, D., Gärling, T., & Slovic, P. (2006). Affect and decision making: A „Hot" topic. *Journal of Behavioral Decision Making, 19*(2), 79–85.

Pham, M. (2004). The logic of feeling. *Journal of Consumer Psychology, 14*(4), 360–369.

Pham, M. (2007). Emotion and rationality: A critical review and interpretation of empirical evidence. *Review of General Psychology, 11*(2), 155–178.

Phillips, D., & Baumgartner, H. (2002). The role of consumption emotions in the satisfaction response. *Journal of Consumer Psychology, 12*(3), 243–252.

Plutchik, R. (1982). A psychoevolutionary theory of emotions. *Social Science Information, 21*(4/5), 529–553.

Rassuli, K. M., & Harrell, G. D. (1990). A new perspective on choice. *Advances in Consumer Research, 17,* 737–744.

Read, D. (2007). Experienced utility: Utility theory from Jeremy Bentham to Daniel Kahneman. *Thinking & Reasoning, 13*(1), 45–61.

Richins, M. (1997). Measuring emotions in the consumption experience. *Journal of Consumer Research, 24,* 127–146.

Roese, N. (1997). Counterfactual thinking: A critical overview. *Psychological Bulletin, 121,* 133–148.

Rozin, P. (1999). Preadaptation and the puzzles and properties of pleasure. In D. Kahneman, E. Diener, & N. Schwarz (Hrsg.), *Well-being: The foundations of hedonic psychology* (S. 109–133). New York: Russell Sage Foundation.

Russell, J. (1980). A circumplex model of affect. *Journal of Personality and Social Psychology, 39,* 1161–1178.

Russell, J., & Pratt, G. (1980). A description of the affective quality attributed to environments. *Journal of Personality and Social Psychology, 38*(2), 311–322.

Schachter, S., & Singer, J. (1962). Cognitive, social, and physiological determinants of emotional state. *Psychological Review, 69*(5), 379–399.

Scherer, K. (1982a). The nature and function of emotion. *Social Science Information, 21*(4/5), 507–509.

Scherer, K. (1982b). Emotions as a process: Functions, origin and regulation. *Social Science Information, 21*(4/5), 555–570.

Scherer, K. (2000). Psychological models of emotion. In J. C. Borod (Hrsg.), *The neuropsychology of emotion* (S. 137–162). New York: Oxford University Press.

Schmitt, B. (1999). *Experiential marketing: How to get customers to sense, feel, think, act, and relate to your company and brands.* New York: Free Press.

Schreiber, C., & Kahneman, D. (2000). Determinants of the remembered utility of aversive sounds. *Journal of Experimental Psychology, 129*(1), 27–42.

Schwarz, N., & Clore, G. (1996). Feelings and phenomenal experiences. In E. Higgins & A. Kruglanski (Hrsg.), *Social psychology: A handbook of basic principles* (S. 433–465). New York: Guilford.

Sen, A. (1982). *Choice, welfare and measurement.* Oxford: Blackwell.

Sen, A. (1993). Internal consistency of choices. *Econometrica, 61*(3), 495–521.

Sevdalis, N., & Harvey, N. (2007). Biased forecasting of postdecisional affect. *Psychological Science, 18,* 678–681.

Simon, H. (1955). A behavioral model of rational choice. *Quarterly Journal of Economics, 69*(1), 99–118.

Simonson, I. (1990). The effect of purchase quantity and timing on variety seeking behavior. *Journal of Marketing Research, 27,* 150–162.

Slovic, P., Finucane, M., Peters, E., & MacGregor, D. (2002). The affect heuristic. In T. Gilovich, D. Griffin, & D. Kahneman (Hrsg.), *Heuristics and biases: The psychology of intuitive judgment* (S. 397–420). Cambridge: Cambridge University Press.

Syam, N., Krishnamurthy, P., & Hess, J. (2007). That's what I thought i wanted? Miswanting and regret for a standard good in a mass-customized world. *Marketing Science, 27*(3), 379–397.

Taylor, K. (1997). A regret theory approach to assessing consumer satisfaction. *Marketing Letters, 7,* 229–238.

Tversky, A., & Griffin, D. (2000). Endowments and contrast in judgments of well-being. In A. Tversky & D. Kahneman (Hrsg.), *Choices, values and frames* (S. 709–725). Cambridge: Cambridge University Press.

Tversky, A., & Kahneman, D. (1986). Rational choice and the framing of decisions. *Journal of Business, 59*(4), 251–278.

Tversky, A., & Kahneman, D. (1991). Loss aversion in riskless choice: A reference dependent model. *Quarterly Journal of Economics, 106*(4), 1039–1061.

Tversky, A., Sattath, S., & Slovic, P. (1988). Contingent weighting in judgment and choice. *Psychological Review, 95*(3), 371–384.

Varey, C., & Kahneman, D. (1992). Experiences extended across time: Evaluation of moments and episodes. *Journal of Behavioral Decision Making, 5,* 169–185.

von Neumann, J., Morgenstern, O. (1947). *Theory of games and economic behavior* (2. Aufl.). Princeton: Princeton University Press.

Watson, J. (1968). Behaviorismus. In C. Graumann (Hrsg.), *Behaviorismus.* Köln: Kiepenheuer u. Witsch. (Originalausgabe: Watson, John B. (1930): Behaviorism, New York).

Wundt, W. (1901). *Grundriss der Psychologie* (4. Aufl.). Leipzig: Engelmann.

Zajonc, R. (1980). Feeling and thinking: Preferences need no inferences. *American Psychologist, 35*(2), 151–175.

Zajonc, R. (1997). Emotions. In D. Gilbert, S. Fiske, & G. Lindzey (Hrsg.), *Handbook of social psychology* (S. 591–632). New York: Oxford University Press.

Zauberman, G., Ratner, R., & Kim, B. (2009). Memories as assets: Strategic memory protection in choice over time. *Journal of Consumer Research, 35*(5), 715–728.